PIANO • CHANT • GUITARE

LES PLUS GRANDES CHANSONS DE

ISBN 978-0-7119-9303-7

Wonderland Music Company, Inc.
Walt Disney Music Company

DISTRIBUTED BY

7777 W. BLUEMOUND RD. P.O. BOX 13819 MILWAUKEE, WI 53213

Visit Hal Leonard Online at
www.halleonard.com

LES PLUS GRANDES CHANSONS DE

CE REVE BLEU

Tiré du film de Walt Disney *Aladdin*

Musique de ALAN MENKEN
Paroles de TIM RICE
Paroles françaises de PHILIPPE VIDECOQ et LUC AULIVIER

LA BALLADE DE DAVY CROCKETT
Tiré du film de Walt Disney *Davy Crockett*

Paroles de TOM BLACKBURN
Musique de GEORGE BRUNS
Paroles françaises de FRANCIS BLANCHE

TOUT LE MONDE VEUT DEVENIR UN CAT

Tiré du film de Walt Disney *Les Aristochats*

Paroles de FLOYD HUDDLESTON
Musique de AL RINKER
Paroles françaises de CHRISTIAN JOLLET

With a beat

Tout le mon-de veut de-v'nir un cat, par-ce qu'un chat, quand il est cat re-

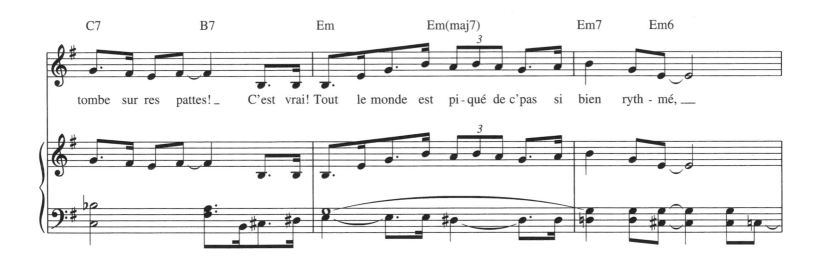

tombe sur res pattes!_ C'est vrai! Tout le monde est pi-qué de c'pas si bien ryth-mé, ___

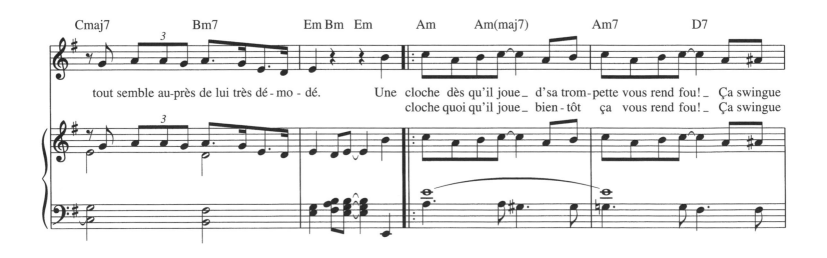

tout semble au-près de lui très dé-mo-dé. Une cloche dès qu'il joue_ d'sa trom-pette vous rend fou!_ Ça swingue
cloche quoi qu'il joue_ bien-tôt ça vous rend fou!_ Ça swingue

J'EN AI RÊVE
Tiré du film de Walt Disney *La Belle au Bois Dormant*

Paroles et Musique de SAMMY FAIN
et JACK LAWRENCE
Paroles françaises de NATACHA NAHON
Adapté d'un thème de Tchaikovsky

15

HISTOIRE ETERNELLE
Tiré du film de Walt Disney *La Belle et la Bête*

Paroles de HOWARD ASHMAN
Musique de ALAN MENKEN
Paroles françaises de CLAUDE RIGAL-ANSOUS

BELLE NUIT
Tiré du film de Walt Disney *La Belle et le Clochard*

Paroles et Musique de PEGGY LEE
et SONNY BURKE
Paroles françaises de CHARLES LEVEL

UN JOUR
Tiré du film de Walt Disney *Le Bossu de Notre Dame*

Musique de ALAN MENKEN
Paroles de STEPHEN SCHWARTZ
Paroles françaises de CLAUDE M'BARALI

Un jour, nous se-rons plus sages, en pre-nant de l'âge, nous com-pren-drons. Je prie pour que la lu-mière vive sur-

CHANSON MAGIQUE
Tiré du film de Walt Disney *Cendrillon*

Paroles de JERRY LIVINGSTON
Musique de MACK DAVID et AL HOFFMAN
Paroles françaises de CLAUDE RIGAL-ANSOUS

Sa - la - ga - dou, la men - chi - ka - bou, la bi - bi - di - bo - bi - di - bou.

Mé - lan - gez tout ça et vous au - rez quoi? Bi - bi - di - bo - bi - di - bou.

Sa - la - ga - dou, la men - chi - ka - bou, la bi - bi - di - bo - bi - di - bou.

TENDRE REVE
Tiré du film de Walt Disney *Cendrillon*

Paroles et Musique de MACK DAVID,
AL HOFFMAN et JERRY LIVINGSTON
Paroles françaises de CLAUDE RIGAL-ANSOUS

Les rêves qui som-meillent dans nos cœurs_____ au creux de la nuit._____ Ha-billent nos cha-grins de bon-heur_____ dans le doux se-cret de l'ou-

LE MONDE QUI EST LE MIEN

Tiré du film de Walt Disney *Hercule*

Musique de ALAN MENKEN
Paroles de DAVID ZIPPEL
Paroles françaises de LUC AULIVIER

J'ai sou - vent rêv - é   d'un loin - tain pa - ys   où tous les

au glo - rieux __ des - tin. Par - mi les é - toiles je cherche, i - dé -

al. Ce monde au - quel j'ap - par - tiens qui est en -

core _____ bien loin.

lightly

poco rall. *a tempo* *mp*

poco rall.

a tempo

mf

f

C'est un beau ma - tin

DE ZERO EN HEROS
Tiré du film de Walt Disney *Hercule*

Musique de ALAN MENKEN
Paroles de DAVID ZIPPEL
Paroles françaises de LUC AULIVIER

C'est gé - ant Herc' ___ est dans le vent d'al - lé - gresse en Grèce on chant - e qu'il est le plus grand. _ C'est un "pro" L'Ap - pol - lo du show, un ___ mon - stre sa - cré qui met tous les mon - stres K. O. ___ Il n'é - tait per - sonne, un

42

AIE CONFIANCE
Tiré du film de Walt Disney *Le Livre de la Jungle*

Paroles et Musique de RICHARD M. SHERMAN
et ROBERT B. SHERMAN
Paroles françaises de CHRISTIAN JOLLET et LOUIS SAUVAT

moi. _____ Que je puisse, _____ veil - ler sur

toi. _____ Aie con - fiance, _____ oui crois en

moi. _____ Que je puisse, _____ veil - ler sur

toi. _____

ppp

ETRE UN HOMME COMME VOUS

Tiré du film de Walt Disney *Le Livre de la Jungle*

Paroles et Musique de RICHARD M. SHERMAN
et ROBERT B. SHERMAN
Paroles françaises de CHRISTIAN JOLLET et LOUIS SAUVAT

48

IL EN FAUT PEU POUR ETRE HEUREUX

Tiré du film de Walt Disney *Le Livre de la Jungle*

Paroles et Musique de
TERRY GILKYSON
Paroles françaises de CHRISTIAN JOLLET et LOUIS SAUVAT

52

EMBRASSE-LA

Tiré du film de Walt Disney *La Petite Sirène*

Paroles de HOWARD ASHMAN
Musique de ALAN MENKEN
Paroles françaises de CLAUDE RIGAL-ANSOUS

pas pour - quoi___ mais c'est plus fort que toi t'aim'rais bien l'em - bras - ser.

Tu rê - vais___ d'elle

Tu l'at - tends de - puis tou - jours___ Si c'est un ro - man d'a - mour_

___ faut pro - vo - quer l'é - tin - celle Et les

Prends - lui la___ main_____ dans la dou - ceur du la - gon___ - Dé - ci - de - toi, mon gar - çon___ et n'at - tends pas de - main.___ Elle n'dit pas un mot___ et n'di - ra___

C

___ pas un mot a - vant d'être em - bras - sée.

C
F

Sha la la la la la n'aie pas peur,____ ne pen - se
Sha la la la la la c'est si bon,____ é - cou - te

C
G7

qu'au bon - heur____ vas - y, oui, em - brasse - la.
la chan - son____ dé - cide - toi. Em - brasse - la.

C
F

Sha la la la la la n'hés - ite pas____ puis - que tu
Sha la la la la vas - y, fais vite____ é - cou - te

sais que toi___ tu ne pen - ses qu'à ça.
la mus - ique___ dé - cide - toi.

Em - brasse - la.

Oui,___ vas - y. Em - brasse - la. *Vocal ad lib.*

SOUS L'OCEAN
Tiré du film de Walt Disney *La Petite Sirène*

Paroles de HOWARD ASHMAN
Musique de ALAN MENKEN
Paroles françaises de CLAUDE RIGAL-ANSOUS

PARTIR LA-BAS
Tiré du film de Walt Disney *La Petite Sirène*

Paroles de HOWARD ASHMAN
Musique de ALAN MENKEN
Paroles françaises de CLAUDE RIGAL-ANSOUS

Moi, je vou-drais__ par-cou-rir le monde. Moi, je vou-drais__ voir le

mon-de dan-ser, le voir mar-cher__ sur ses… *Comment ça s'appel'?* *Oh!*

Pieds. On n'va nulle part__ en bat-tant des na-geoires.

Il faut des jambes_pour sau - ter et dan - ser, flâ - ner le long__ de ces, *comment ça s'appelle?*

Rues. Si l'hom - me marche, si l'hom - me court, s'il peut sur

terre rê - ver___ au grand jour.___ Comme j'ai - me - rais, si je pou - vais, par - tir là -

bas._____ Je don - ne - rai tout ce que j'ai pour par - tir

HAKUNA MATATA
Tiré du film de Walt Disney *Le Roi Lion*

Musique de ELTON JOHN
Paroles de TIM RICE
Paroles françaises de LUC AULIVIER et CLAUDE RIGAL-ANSOUS

LE CYCLE DE LA VIE
Tiré du film de Walt Disney *Le Roi Lion*

Musique de ELTON JOHN
Paroles de TIM RICE
Paroles françaises de LUC AULIVIER et CLAUDE RIGAL-ANSOUS

Relaxed Pop beat

Au ma - tin de ta vie sur la pla - nète é -

blou - i par le dieu So - leil. ____ A

l'in - fi - ni ____ tu t'é - veilles aux mer - veilles _ de la terre _

L'AMOUR BRILLE SOUS LES ETOILES

Tiré du film de Walt Disney *Le Roi Lion*

Musique de ELTON JOHN
Paroles de TIM RICE
Paroles françaises de LUC AULIVIER et CLAUDE RIGAL-ANSOUS

Je vou-drais lui_ dire je t'aime mais com-ment lui_ av-ouer_ mon se-cret, mes_ pro-blèmes, im-pos-si-ble, elle ser-ait trop_ bles-sée._ Quel lourd se-cret_ cach-e-t-il der-

ZIP-A-DEE-DOO-DAH
Tiré du film de Walt Disney *Mélodie du Sud*

Paroles de RAY GILBERT
Musique de ALLIE WRUBEL
Adaptateur français inconnu

REFLEXION
Tiré du film de Walt Disney *Mulan*

Musique de MATTHEW WILDER
Paroles de DAVID ZIPPEL
Paroles françaises de LUC AULIVIER

Moderately

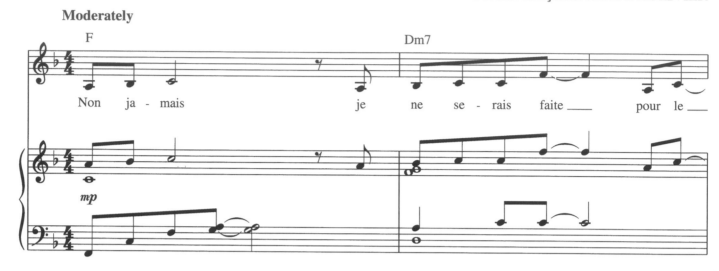

Non ja- mais je ne se- rais faite pour le

mar- ri- age ni u- ne fille bien sage. Je le sais cet- te

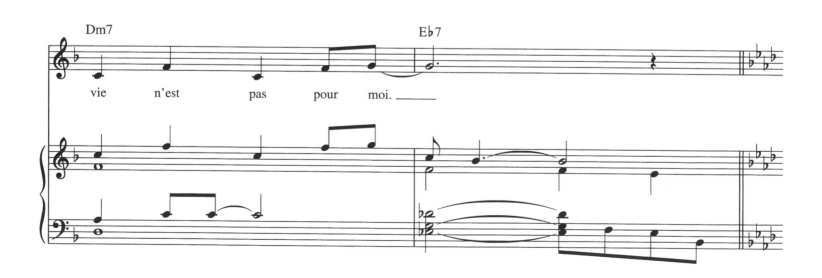

vie n'est pas pour moi.

LA DEUXIEME PETITE ETOILE

Tiré du film de Walt Disney *Peter Pan*

Paroles de SAMMY CAHN
Musique de SAMMY FAIN
Paroles françaises de LUC AULIVIER et PHILIPPE VIDECOQ

TU T'ENVOLES
Tiré du film de Walt Disney *Peter Pan*

Paroles de SAMMY CAHN
Musique de SAMMY FAIN
Paroles françaises de LUC AULIVIER et PHILIPPE VIDECOQ

92

L'AIR DU VENT

Tiré du film de Walt Disney *Pocahontas*

Paroles de STEPHEN SCHWARTZ
Musique de ALAN MENKEN
Paroles françaises de LUC AULIVIER et PHILIPPE VIDECOQ

D.S. al Coda

peau,   nous chan-tons tous en choeur_ les   chan-sons_ de   la mon-tagne,   en rê-

vant de pou - voir pein-dre l'air   du vent.   Mais la terr' n'est que_pous-sière   tant que

l'homm i - gnor' com - ment   il peut pein-dr' en mil - le   cou - leurs l'air du vent.

ENTRE DEUX MONDES
Tiré du film de Walt Disney *Tarzan*™

Paroles et Musique de
PHIL COLLINS
Paroles françaises de LUC AULIVIER

JE VEUX SAVOIR

Tiré du film de Walt Disney *Tarzan*™

Paroles et Musique de
PHIL COLLINS
Paroles françaises de LUC AULIVIER

Tout ce que tu fais je le fe-rai.
Tous ses mouv'-ments, tous les ges-tes qu'elle

fait Ap-prends moi ce que je n' con-nais ___ pas. ___
me font des fris-sons dans le corps.

Tout ce que tu sais n'est rien en-core ___ pour
Pour-quoi je sens ce be-soin d'ê-tre ___ tou-

108

TOUJOURS DANS MON CŒUR

Tiré du film de Walt Disney *Tarzan* ™

Paroles et Musique de
PHIL COLLINS
Paroles françaises de LUC AULIVIER

JE SUIS TON AMI
Tiré du film de Walt Disney *Toy Story*

Musique et Paroles de
RANDY NEWMAN
Paroles françaises de CHARLELIE COUTURE

Ton a mi, ___ c'est moi, ___

Tu sais, je suis ton a - mi. ___

Quand tout s'em - brouille ___ en va - droui - lle ___ loin,

Si t'as des sou - cis, j'ai les mêmes aus - si ___ mais ___ je

C'EST MERVEILLEUX D'ETRE UN TIGRE

Tiré du film de Walt Disney *Winnie L'Ourson*

Paroles et Musique de RICHARD M. SHERMAN
et ROBERT B. SHERMAN
Paroles françaises de LUC AULIVIER

L'UNIVERS DE JEAN CHRISTOPHE
Tiré du film de Walt Disney *Winnie L'Ourson*

Paroles et Musique de RICHARD M. SHERMAN
et ROBERT B. SHERMAN
Paroles françaises de LUC AULIVIER

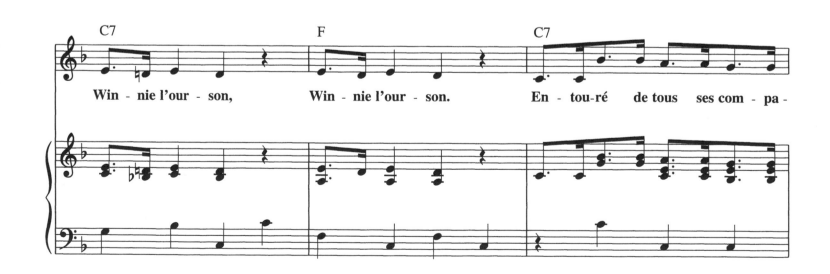